TRAVAILLER AVEC DES PERSONNALITÉS DIFFICILES

Apprendre à composer avec chacun

Par Hélène Nguyen Gateff
Sous la direction de Céline Faidherbe

TRAVAILLER AVEC DES PERSONNALITÉS DIFFICILES

- **Problématique ?** Nous rencontrons des tensions et conflits tout au long de notre vie professionnelle. Lorsque nous sommes confrontés à des personnalités difficiles, comment faire face, comment ne pas se laisser déstabiliser et continuer à remplir sa mission ?
- **Utilité ?** Pouvoir analyser la situation et réagir de manière constructive lorsque, par exemple, votre supérieur se conduit en dictateur, un collaborateur pourrit l'ambiance de l'équipe, un collègue vous communique son anxiété, etc.
- **Contexte professionnel ?** Relations interpersonnelles au travail.
- **FAQ ?**
  - Pourquoi naissent les conflits ?
  - Les conflits sont-ils inéluctables ?
  - Dois-je faire des concessions ?
  - Ai-je intérêt à parfois me mettre en colère au travail ?
  - Pourquoi ce collègue a-t-il une attitude différente quand nous sommes à deux ou en groupe ?
  - Pourquoi y a-t-il des hauts et des bas dans mes relations avec mes collègues ?
  - Comment se fait-il que je tombe toujours sur des collègues difficiles ?
  - Pourquoi est-ce que je ne m'entends jamais avec mes supérieurs ?
  - Peut-on faire changer les gens ?

Les relations humaines ne sont pas chose simple et nous croisons tous les jours des personnalités avec lesquelles nous avons du mal à nous entendre. Malheureusement, on ne choisit pas ses relations professionnelles, alors même que l'on passe beaucoup de temps avec ses collègues de travail.

Avec certaines personnes, les relations sont naturellement aisées, harmonieuses et constructives. Ce type de relation ne nécessite pas d'effort particulier. À l'inverse, avec des personnalités plus difficiles, une démarche volontariste s'impose. Accepter ce nécessaire effort est un premier pas fondamental. Mais pourquoi devrais-je consacrer du temps et de l'énergie à la gestion de cette relation alors que c'est cette personne qui pose problème ? À cette question bien légitime, on peut opposer la célèbre maxime de Gandhi : « Soyez le changement que vous voulez voir dans le monde. » Celui qui veut que les choses changent doit être le moteur du changement, et cela est valable au bureau aussi ! Si votre objectif est de sortir d'une ou de plusieurs relations empoisonnantes, alors prenez les choses en main et donnez-vous les moyens d'y arriver.

Pour ce faire, nous vous proposons de procéder en trois étapes. Suivre ce programme de travail devrait vous permettre d'y voir plus clair, de prendre du recul et d'agir plutôt que de subir.

B.A.-BA DE LA GESTION DES PERSONNALITÉS DIFFICILES

1re ÉTAPE : SAVOIR À QUI ON A AFFAIRE

Comment affirmer qu'une personne est dotée d'un caractère difficile ? Il est délicat de tracer la limite entre une tendance à s'emporter un peu trop facilement et une personnalité caractérielle, entre une humeur parfois instable et un dysfonctionnement psychologique avéré.

Pour simplifier, on pourrait dire, en citant Christophe André (psychiatre et psychothérapeute français, né en 1956), qu'une personnalité difficile se caractérise par « certains traits de caractère trop marqués ou figés » qui ont pour résultat « d'infliger de la souffrance à soi-même et à autrui » (*Comment gérer les personnalités difficiles*, p. 20). Si un membre de votre entourage professionnel vous semble se conduire anormalement de manière structurelle et durable dans le temps et que cela a des répercussions négatives sur votre efficacité et votre confort de travail ou celui de votre équipe, il est plus que probablement juste de conclure que vous avez affaire à une personnalité difficile.

S'indigner et se mettre en colère peut être une réaction légitime et nécessaire dans un premier temps, mais ce n'est pas cela qui fera évoluer la situation. Il va vous falloir analyser ses comportements afin de comprendre son fonctionnement. Comprendre la mécanique intérieure de vos semblables permet de prendre conscience de la diversité des réactions et d'accepter que vos collègues soient tels qu'ils sont. Cette analyse préalable est nécessaire à la mise en place d'une stratégie efficace.

Nous avons synthétisé ici les six grands types de personnalités difficiles que l'on peut croiser dans la vie professionnelle.

1. L'**anxieux** est une victime de ce que l'on appelle élégamment le syndrome de « la peur sans objet ». Il prévoit toujours le pire et annonce des catastrophes avant qu'elles ne se produisent ou sans qu'elles aient la moindre chance d'arriver. Il manie le discours négatif avec brio. L'anxieux ne se détend jamais, ni physiquement ni émotionnellement. S'il est chef d'équipe, il a un mal fou à prendre de la hauteur, à déléguer. S'il est en position de collaborateur, il sollicite votre approbation à tout bout de champ. L'autonomie est vraiment son point faible. Prendre le moindre risque lui donne des sueurs froides. Dans certains cas, il pourra même faire preuve d'une redoutable générosité en partageant son anxiété à toute l'équipe.
2. Quelle joie de travailler avec un **méfiant**, surtout quand il semble avoir des tendances paranoïaques ! Soupçonneux, notre méfiant est incapable de se fier et de se confier aux autres. Aimable comme une porte de prison, il se tient à distance et scrute son entourage. À la moindre occasion, il se jette sur la proie qui va pouvoir nourrir ses soupçons. Car n'oubliez pas qu'il ne voit pas du tout la réalité comme vous. Tout est bon pour alimenter son besoin de se sentir trahi : vous avez serré la main à son client qui l'attendait à la réception ? C'est évidemment parce que vous voulez marcher sur ses plates-bandes ! Tout ce que vous ferez ou

direz sera retenu contre vous.

3. L'hystérique a changé de nom, mais il est toujours aussi pénible. Appelez-le désormais « l'**histrionique** ». Son besoin de séduire est sans limites et pour qu'il soit satisfait, une place s'impose à lui : le centre ! Attirer l'attention sur lui est une question de survie. Hyperémotif, son humeur est changeante et il a du mal à s'aventurer hors du registre émotionnel. Manque de chance pour lui, dans le domaine professionnel, la relation est technique et contractuelle. Or la modération dans les relations humaines n'est pas son point fort.

4. « Le mieux est l'ennemi du bien » ; malheureusement pour vous, le **perfectionniste** ne l'a pas compris. Son perfectionnisme, lorsqu'il atteint des sommets, consiste à viser un but qu'il n'est, par définition, jamais possible d'atteindre. Votre perfectionniste s'obstine à déployer une telle rigueur qu'il ne va jamais pouvoir, par exemple, rendre un travail terminé. Obsédé par la peur de l'échec, notre homme est paralysé par celle du succès et du travail accompli. Comme il doute en permanence de lui-même et a toujours besoin de pousser plus loin les investigations, il lui est difficile de trancher. Sur le plan relationnel, ce type de personnage rejoint souvent le méfiant par son comportement distant.

5. Le **narcissique** a un problème essentiel dans la vie : il est au-dessus de la mêlée et est tout simplement un être exceptionnel. Du moins, c'est ce qu'il pense. En d'autres termes, non seulement il se croit tout permis, mais tout lui est dû et il ne vous doit rien. Vous essayez de mettre un peu le holà ? C'est l'étonnement, voire la stupeur. Mais pourquoi donc un tel mécontentement, un tel change-

ment d'attitude ? Comme le seigneur d'autrefois, votre Narcisse a droit à des privilèges, un point c'est tout !

6. On ne pouvait pas achever cette galerie de portraits sans évoquer le **paresseux**. Qu'il soit un paralysé de l'action en raison d'une angoisse profonde ou un égoïste soucieux d'économiser son énergie personnelle, le résultat est le même : vous héritez du travail qu'il ne peut ou ne veut pas faire. Le moindre pépin de santé lui vaut un copieux arrêt de travail. La plus simple des tâches à accomplir lui prend une journée et il a toujours mieux à faire que de se mettre au service de son équipe. Souvent plus performant dans le dire que dans le faire, il est désinvolte et n'a aucun scrupule à ne pas respecter les délais impartis. Un vrai bonheur pour ses collègues et interlocuteurs !

Avez-vous retrouvé dans une de ces descriptions tel ou tel collègue particulièrement pesant ? Ces portraits sont volontairement caricaturaux ; en réalité, nous rencontrons souvent des personnages qui cumulent plusieurs de ces travers, à des degrés divers. Votre adjointe est une diva perfectionniste ? Votre secrétaire un histrionique méfiant ? Vous voilà capable de mettre un mot sur leur attitude. Et nous-mêmes, si nous nous connaissons bien, n'avons-nous pas retrouvé dans ces portraits un peu de nos différents travers ?

Pour terminer, sachez que le summum en termes de personnalité difficile – dans ce cas, on parle même de personnalité toxique – est celui dont les psychologues, les coaches d'entreprises et les médias nous parlent abondamment depuis une dizaine d'années : le pervers narcissique. Face à ce type de personnage, on ne plaisante plus. S'il vous a choisi pour être l'une de ses proies, c'est simple : il va chercher à vous abattre moralement par un travail de destruction systématique de vos défenses et de votre dignité. Selon les estimations, ce profil de personnes ne représenterait heureusement que 2 à 3 % de la population.

2ᵉ ÉTAPE : METTRE EN PLACE UNE STRATÉGIE ADAPTÉE

Pour vous aider à mieux gérer vos relations avec vos interlocuteurs difficiles, nous vous proposons deux types de conseils. D'une part, ceux qui sont adaptés à tous les profils ; d'autre part, ceux qui sont ciblés sur chacun des profils identifiés ci-dessus.

Trois conseils universels

Le premier point essentiel face à n'importe quel type d'interlocuteur difficile est d'essayer de **se comporter en adulte**. Un rapide aperçu de la théorie de l'Analyse Transactionnelle (AT) peut être éclairant. Fondée par le psychiatre américain Éric Berne (1910-1970) à la fin des années cinquante, l'AT fut, dans un premier temps, utilisée à des fins psychothérapeutiques. Elle est ensuite devenue un outil d'analyse et de gestion des relations professionnelles.

Selon l'AT, chacun de nous met en jeu tour à tour trois « états du moi » dans ses relations avec les autres : Parent, Enfant et Adulte. Il existe trois types d'Enfant et deux types de Parent. Selon le chemin de vie parcouru, chacun de ces états est plus ou moins développé.

Enfant	Émotions, pulsions, sensations et créativité.
Enfant adapté soumis	Il est dans l'acceptation des règles. À l'excès, cela peut aller jusqu'à l'effacement.
Enfant adapté rebelle	Il est dans l'opposition. Celle-ci peut être légitime, mais à l'excès, son comportement peut devenir agressif.
Enfant libre	Il satisfait ses besoins et exprime ses émotions avec spontanéité.
Adulte	Observation, questionnement, réflexion, évaluation, déduction et information.
Parent	Règles, principes, jugements.
Parent nourricier	Il encourage chaleureusement ses interlocuteurs. À l'excès, il peut étouffer les autres en les surprotégeant.
Parent normatif	Il émet des principes et édicte des règles. À l'excès, il peut persécuter l'autre.

Pour simplifier, disons que plus nous tendons vers un comportement de type Adulte, plus nous arriverons à faire évoluer des relations difficiles. Se comporter en Adulte, cela suppose de bien faire la distinction entre faits, sentiments et opinions et, dans notre discours, de privilégier les faits.

Exemple pratique

Faits (Adulte)	« Tu ne m'as pas mis en copie de ton échange de mail avec notre client commun. Je n'étais pas donc pas au courant du montant de la dernière transaction. Or, cela est nécessaire pour que je puisse faire un suivi précis du chiffre d'affaires. »
Sentiments (Enfant)	« Je suis très blessé de ne pas avoir été mis en copie de ton échange de mail avec notre client commun. Tu me tiens toujours à l'écart, je ne suis jamais au courant de rien. »
Opinions (Parent)	« Ce n'est pas normal que tu ne m'aies pas mis en copie de ton échange de mail avec notre client commun. Il n'est pas acceptable que nous ne soyons pas transparents l'un envers l'autre. Cela est contraire à nos procédures. »

L'AT nous explique que différents systèmes de relations peuvent se mettre en place en fonction de l'état du moi mobilisé. Vous positionner en Adulte peut aider l'autre à changer de posture. Si, par exemple, vous avez affaire à un moi Enfant, vous placer en Parent risque de le conforter dans cette attitude. En revanche, votre capacité à dialoguer sur un mode Adulte peut le ramener à aborder la discussion sur ce même mode.

Le deuxième point essentiel est de **cultiver sa capacité à prendre du recul**. Pour cela, faisons appel aux outils de la programmation neurolinguistique.

LE SAVIEZ-VOUS ?

La programmation neurolinguistique (PNL) a été

inventée aux États-Unis dans les années soixante-dix par le psychologue Richard Bandler (né en 1950) et le linguiste John Grinder (né en 1940). D'abord orientée vers la psychothérapie, elle s'est rapidement introduite dans le domaine du management.

Parmi les techniques intéressantes proposées par la PNL, la dissociation permet de considérer la situation d'un point de vue extérieur. Au lieu d'être partie prenante dans la relation que vous entretenez avec votre collègue difficile, placez-vous en position d'observateur extérieur, comme si vous regardiez le film de votre relation. Observer et analyser la relation, et plus seulement le comportement de votre interlocuteur, vous permet de repérer plus facilement votre marge de manœuvre personnelle.

Par ailleurs, cette démarche a le mérite de replacer la personne dans un contexte plus large que celui de votre relation ; vous serez ainsi à même de réaliser que, souvent, la place que vous lui aviez attribuée ne correspond pas à sa position réelle dans la dynamique du groupe ou de l'entreprise. Si, par exemple, vous visualisez de l'extérieur votre équipe de travail, vous vous apercevrez sans doute que l'équipe dans son ensemble fonctionne de manière positive et que les difficultés engendrées par l'un de ses membres sont finalement relativement limitées.

Le troisième principe essentiel à suivre est de **communiquer de manière ouverte et positive**, sans moquerie ni ironie. Quel que soit le profil de votre interlocuteur, ironiser, se moquer ou se montrer blessant n'est jamais constructif.

Qu'avez-vous à gagner à rabaisser l'autre en vous moquant de lui, même s'il vous empoisonne l'existence ?

Au contraire, il semble que vous ayez beaucoup à gagner à essayer de garder un discours ouvert et positif. Insister sur les réalisations de votre interlocuteur, mettre en valeur vos points d'accord et souligner ce qui fonctionne bien sera toujours efficace. Avez-vous remarqué que les personnes vraiment habitées et épanouies par ce qu'elles font n'ont pas besoin d'être agressives ou de dévaloriser les autres ? Regardez autour de vous, c'est assez manifeste.

Les techniques de l'assertivité et de la Communication NonViolente (CNV) vous seront ici d'une grande utilité. L'idée est de s'attacher à faire passer le message sans agressivité, ni soumission, ni fuite. Concentrez-vous sur les faits et le contenu du message, sans chercher à rabaisser ni l'interlocuteur ni vous-même. Il est essentiel d'avoir préalablement pris suffisamment de recul pour s'être débarrassé des émotions négatives que votre interlocuteur a pu susciter en vous lors de vos conflits. Ce n'est que si vous êtes intimement convaincu que vous pouvez avoir un échange constructif avec la personne que vous rendrez cela possible en vous en donnant les moyens.

Bien sûr, il est humain d'avoir à décharger une certaine dose d'agressivité quand vous avez le sentiment d'en avoir trop supporté. Dans ce cas, deux options se présentent à vous :

- contacter une personne de confiance avec qui vous pourrez échanger et rire si vous en ressentez le besoin ;
- réduire autant que possible vos contacts avec cet interlo-

cuteur difficile pendant une courte période pour pouvoir évacuer la tension accumulée. C'est le classique : « Je suis toute la journée en rendez-vous à l'extérieur. » Accordez-vous un déjeuner sympathique avec une personne positive, organisez une visite chez un client agréable ou prenez un jour de congé.

Une fois ces trois axes principaux établis, il convient de développer certaines stratégies en fonction du profil particulier de votre interlocuteur.

Stratégies ciblées

Face à l'anxiété, le plus important est de rassurer. Cela consiste parfois à exprimer des informations qui pourraient vous paraître, à vous, peu nécessaires. Par exemple, lorsque vous rendez un rapport à votre manager anxieux, précisez que vous avez vérifié les chiffres plusieurs fois, indiquez les sources que vous utilisez, etc. Toute information rassurante pouvant réduire son niveau d'incertitude ne pourra que l'amener à se détendre et donc à améliorer vos relations.

Par ailleurs, sachez que l'anxieux n'aime pas les surprises. Prévenez-le de tout dysfonctionnement avant qu'il ne le découvre par lui-même. S'il y a une coquille dans le dossier que vous avez préparé pour une réunion importante, dites-le-lui et mettez en avant le fait que la solution est trouvée : vous l'avez rectifiée à la main dans chaque dossier.

Attention cependant : l'anxieux pourrait facilement vous faire tourner en bourrique, voire vous réduire en esclavage. Il convient donc de fixer des limites. À vous de faire le tri entre ce que vous pouvez faire ou non, parce que vous n'en avez pas le temps ou estimez que ce n'est pas légitime. Et exprimez votre état d'esprit de manière claire et déterminée : « Grâce à telle et telle action mise en place, nous limitons les risques d'erreur ou les possibles incertitudes. Nous pouvons donc estimer avoir le fait le maximum. »

Face à la méfiance, il s'agit de prouver votre légitimité et votre bonne foi. Le méfiant ne se contente pas d'une vision synthétique, il a besoin d'un grand nombre d'explications détaillées et factuelles. Vous présentez une étude de marché ? Adaptez votre discours : alors que les détails méthodologiques ennuient les interlocuteurs qui vous font confiance, des explications détaillées vont aider le méfiant à entrer dans le sujet en éloignant un peu ses démons.

Par ailleurs, n'oubliez pas de bien respecter les codes, les règles et la hiérarchie. Par souci d'efficacité, pour gagner du temps, vous demandez un rendez-vous directement au grand directeur ? Erreur ! Votre chef à tendance paranoïaque va se sentir trahi, dépossédé, menacé... Même si vous avez le sentiment que cela vous prend du temps, suivez la voie hiérarchique la plus classique. Vous y gagnerez en tranquillité.

Dernier point très important : l'isolement d'un soupçonneux chronique lui permet d'alimenter son besoin de trouver les preuves de ses soupçons. Il est donc essentiel de maintenir le dialogue avec lui. Cela vous permettra d'éviter bien des incompréhensions, sources de conflits. Le mettre en copie d'un email, lui faire passer des documents… autant de petits gestes qui vous coûteront peu tout en lui permettant de ne pas se sentir mis à l'écart, ce qu'il redoute le plus.

Face à l'hyperémotivité, pesez vos mots. L'histrionique a besoin d'occuper le devant de la scène. Il a un immense besoin de reconnaissance. Nous vous conseillons donc de flatter son ego dans des moments où l'enjeu n'est pas très important. Vous en retirerez un certain bénéfice. Exemple : votre collègue est particulièrement content de lui, car il trouve que sa proposition de nom pour le nouveau site internet est de loin la meilleure. Il voudrait même la présenter lui-même au directeur. Eh bien, laissez-le donc défendre son idée ! Mais cela doit rester épisodique, sans quoi vous risquez de vous laisser marcher sur les pieds.

Autre point important : repérez chez l'histrionique un moment de stabilité émotionnelle pour lui adresser des retours positifs. Ces signes de reconnaissance peuvent l'aider à modérer ses propos et jugements. Lui qui a du mal à trouver une demi-mesure entre l'adulation et la dévalorisation des autres en a bien besoin. Privilégiez les moments de tête-à-tête où il n'a pas à chercher à briller pour le mettre en confiance.

Face au perfectionnisme, soyez indulgent, mais ferme. À l'instar de l'anxieux, le perfectionniste a un besoin immense d'être rassuré et déteste l'imprévu. Son besoin de douter de tout et de rechercher sans cesse la meilleure option lui rend toute prise de décision pénible. Vous devez donc présenter les effets de sa prise de décision sous un jour positif : « Maintenant que nous avons choisi cette option, nous savons où nous allons et allons pouvoir tout mettre en œuvre pour livrer un produit de la meilleure qualité possible. »

Évitez de négliger les détails qui lui importent : votre manager est intraitable sur la qualité de l'orthographe dans les rapports ? Faites-vous relire si vous pêchez sur ce plan. Tel collègue est un maniaque de la mise en page parfaite ? Donnez-lui le document à relire avant diffusion. Si vous savez que c'est important pour lui, accordez-lui cette petite concession, vous en retirerez un peu de tranquillité – à condition que cela ne mette pas votre travail en retard ! Si vous êtes le supérieur d'un pointilleux à tendance obsessionnelle, prenez la peine de lui expliquer le pourquoi du comment de tout changement. Ce sera beaucoup plus constructif que de le mettre devant le fait accompli. Il a besoin de temps pour prévoir et s'organiser. Accordez-lui-en, mais restez ensuite ferme face aux délais à tenir.

<u>**Clin d'œil employeur**</u>

Le perfectionnisme poussé à son comble peut facilement conduire à une extrême lenteur, voire à la paralysie. En tant que manager, à vous de créer un dialogue constructif avec ce type de profil : soulignez que vous appréciez sa rigueur et expliquez-lui les raisons pour lesquelles il est nécessaire d'accélérer la cadence. Pour l'aider à améliorer sa productivité, vous pouvez aussi lister et analyser chacune de ses tâches en détail et lui proposer de sélectionner les étapes qui pourraient être supprimées.

Face au narcissisme, il est conseillé de mettre son ego de côté. Nous avons tous besoin de signes de reconnaissance et pourtant il faut n'en attendre aucun si vous travaillez avec un narcissique. Vous éviterez ainsi d'être déçu. Profitez de ses bons côtés, et allez chercher ailleurs le soutien qui vous manque. N'essayez pas de lui répondre s'il tente de vous dénigrer ; n'entrez pas dans son jeu. Lorsque vous n'êtes pas d'accord, opposez-lui des arguments objectifs (en vous appuyant sur des documents écrits par exemple) et gardez un ton neutre, dénué d'irritation. Comme avec l'histrionique, profitez d'un moment de stabilité de son humeur pour lui signifier votre approbation (lorsqu'elle est sincère), de préférence lors d'un entretien privé.

Cela dit, si vous avez affaire à un pervers narcissique, quelqu'un qui vous veut vraiment du mal, vous allez devoir vous montrer à la fois très organisé et très offensif. Ne pensez pas pouvoir vous en sortir facilement et manipuler le manipulateur. Le vrai pervers narcissique peut vouloir vous détruire. Pour lui faire face, trois choses à faire :

- dresser la liste de tous ses propos et actes répréhensibles en mentionnant les lieux, dates et personnes témoins.

Ouvrez un dossier dans lequel vous stockerez tous les écrits qui pourront servir de preuve à sa malfaisance ;
- vous entourer de quelques personnes de confiance avec qui vous pouvez échanger et dialoguer ;
- dans la mesure du possible, consulter un médecin du travail ou un psychologue qui pourra vous conseiller utilement.

Attention, ne prenez pas les méfaits de ce type de personne à la légère. Elle pourrait vous mener à un état de dépression et nuire à votre carrière. En revanche, souvenez-vous que ces profils restent très rares ; ne tombez donc pas dans la paranoïa en qualifiant trop vite quelqu'un de pervers...

Face à la paresse, posez un cadre strict. L'individu paresseux a grand besoin d'être mis sur les rails. S'il est votre subordonné, il est nécessaire de lui fixer des objectifs détaillés et d'en contrôler la réalisation de manière très fréquente. Cela permet en principe de limiter le champ de sa nonchalance et de lui monter que l'inaction n'est pas tolérée. Le paresseux a une tendance naturelle à procrastiner, que seul un plan d'action précis et validé par lui peut enrayer. Nous vous recommandons donc :

- de dresser par écrit une liste de tâches à réaliser ou d'objectifs à atteindre, selon le niveau de responsabilité de la personne ;
- de mentionner des dates de réalisation très précises ;
- de mettre le paresseux en position de valider ce plan d'action ou mieux, de le présenter comme en étant l'auteur.

Si le paresseux occupe un poste placé hiérarchiquement

au-dessus du vôtre, il est important de présenter les choses plus finement. La démarche sera la même – décrire de manière détaillée les actions à mener avec des échéances précises et prudentes –, mais exprimez-vous en termes de « propositions », de « suggestions ». N'ayez surtout pas l'air de vouloir imposer un plan d'action. Suggérez-le et mettant en avant les avantages que votre manager pourra en tirer.

3ᵉ ÉTAPE : MESURER LES RÉSULTATS DE SA STRATÉGIE

Vous avez donc pris en main la gestion de la ou des personnalités difficiles de votre entourage. Vous allez maintenant mesurer les effets concrets de vos efforts. Pour cela, tenez une sorte de journal de bord dans lequel vous rassemblerez, par exemple dans un tableau, des faits (pour chaque personnalité difficile).

Imaginons par exemple que vous êtes le supérieur hiérarchique de X.

Date	Incident	Ma réponse	Suite
10 janvier	X a explosé en pleine réunion : « Non seulement personne ne fait son travail correctement ici, mais en plus, on ne me fait pas confiance », a-t-il déclaré.	Pas de réplique sur le moment. Réunion d'une heure en tête à tête avec X le 13 janvier. Tentatives d'explications : « Qu'est ce qui te fait penser que … ? » et de réassurance : « Qu'est-ce que nous pourrions faire pour te montrer que nous te faisons confiance ? »	Pas de nouvelle explosion à ce jour, mais attitude renfermée et méfiante.
25 janvier	X est venu me reprocher de ne pas l'avoir prévenu que tous les postes informatiques allaient être changés à la fin du premier trimestre.	Réunion d'une heure en tête à tête avec X le 28 janvier. Explication : « J'attendais la confirmation du service informatique. »	Sans suite
12 février	X m'a demandé quatre fois en deux jours de vérifier le budget publicité à présenter en comité de direction le 16 février.	La quatrième fois, je lui ai demandé de considérer que nous ne reverrions plus ces chiffres.	X s'est plaint à des collègues que je ne vérifiais pas bien les informations avant de les présenter en comité de direction !

Si cet interlocuteur difficile est votre manager, vous pouvez
tout à fait tenir ce même type de journal. Un tel recueil
d'anecdotes vous donnera cependant l'impression d'être

très procédurier, voire maniaque. Il faut donc que cette démarche soit limitée à trois ou quatre mois. Cela suffit largement à constituer un échantillon représentatif des troubles du comportement de la personne.

Que faire de ce recueil édifiant ? Vous pourrez l'utiliser lors d'un entretien annuel d'évaluation par exemple, ou si vous décidez que vous ne pouvez plus travailler avec la personne en question. Dans ce cas, tout dépend du rapport de force, de la culture de l'entreprise, des qualités techniques du collègue et de son réseau relationnel.

À partir d'un certain niveau de tension, les relations deviennent insupportables. Il convient alors de vous interroger : êtes-vous prêt à continuer à vivre ce quotidien empoisonnant ? Si la réponse est oui, minimisez le pouvoir de nuisance de votre interlocuteur. Si la réponse est non, c'est un nouveau chapitre de votre carrière ou de celle de la personne nuisible qu'il faut envisager d'ouvrir !

TOP CONSEILS

- Concentrez-vous sur votre mission et son contenu plus que sur les relations. Certains d'entre nous souffrent parfois d'un défaut de centrage qui nous conduit à surinvestir dans les relations humaines au détriment de notre mission. Vous faites correctement votre travail et obtenez des résultats probants ? C'est le plus important. Il est secondaire que votre manager ou vos collègues ne vous envoie(nt) pas tous les signes de reconnaissance que vous espérez.
- Essayez d'adopter un comportement constructif. Face à une relation compliquée, évitez les comportements impulsifs ou colériques qui ne font que figer, voire aggraver les malaises. Si vous souhaitez vraiment aller de l'avant, il est inutile de répliquer sur le même registre. Comportez-vous toujours en Adulte, vous avez tout à y gagner.
- Trouvez des interlocuteurs de confiance. Neutraliser certaines personnes vraiment nuisibles est une lourde tâche que vous ne pouvez pas assumer seul. Il est essentiel de vous entourer de personnes bienveillantes avec qui vous allez pouvoir collaborer pour mettre en place une stratégie constructive. En cas de troubles graves, il est indispensable de consulter le médecin du travail ou un thérapeute.
- Faites le tri entre les faits, les émotions et les opinions. Que ce soit pour analyser le comportement et les propos d'une personnalité difficile ou pour la contrecarrer, il est essentiel de bien distinguer ces trois catégories pour savoir sur quel plan on se situe.

- Ne soyez pas trop rigide dans vos principes. Défendre vos principes et vos valeurs est tout à votre honneur, mais cela peut rapidement vous conduire à un état d'épuisement avancé. Modérez-vous en vous disant que votre tranquillité n'a pas de prix, et que c'est avant tout le résultat qui compte. Il est donc parfois nécessaire de faire quelques concessions.

- Dites-vous que les relations peuvent évoluer. Il ne faut jamais désespérer et garder une bonne dose d'optimisme pour aller de l'avant. Si vous avez la volonté de faire évoluer des relations conflictuelles, vous parviendrez nécessairement à un résultat. Soyez ouvert aux bonnes surprises, prenez en compte tout petit pas en avant, aussi minime soit-il.

- Mais n'oubliez pas que rares sont les gens qui changent vraiment. Tâchez d'être optimiste sans être pour autant naïf ou idéaliste. L'idéalisme déçu est en effet une source de souffrance intense. Partez donc du principe que si certaines personnes peuvent changer, ce n'est pas parce que vous le voulez, mais parce qu'elles-mêmes le veulent. Par ailleurs, rappelez-vous que si vous n'avez pas le pouvoir de changer les gens pénibles, vous avez sans aucun doute celui de faire évoluer vos relations avec eux.

FAQ

POURQUOI NAISSENT LES CONFLITS ?

Chercher à comprendre pourquoi on est en conflit est une tâche noble qui nous élève. Nous pouvons en tirer des enseignements enrichissants, comme une meilleure connaissance de nous-même et des autres. Paradoxalement, le conflit nous rapproche de l'autre par l'expression de nos besoins et le respect de qui nous sommes. Pour Georg Simmel (sociologue allemand, 1858-1918), le conflit est une forme de socialisation : même dans le conflit, on reste dans le lien. C'est pourquoi l'homme recherche la confrontation. Un enfant ayant des parents indifférents préférera les provoquer jusqu'à recevoir un signe de reconnaissance, même si celui-ci est négatif. L'indifférence, elle, signifie la mort de la relation.

LES CONFLITS SONT-ILS INÉLUCTABLES ?

Regardez rapidement la situation internationale, et celles de votre pays, de votre quartier, de votre famille, de votre couple : quelle collectivité humaine fonctionne sans désaccord, sans bagarres, sans cris ? Par ailleurs, dans la perspective de notre objectif qui est de composer avec les personnalités difficiles, ne vaut-il pas mieux remplacer cette question par : « Il existe des conflits, j'accepte ce postulat, comment puis-je les gérer ? »

DOIS-JE FAIRE DES CONCESSIONS ?

Dans de nombreux cas, vous ne perdez rien à céder un point à votre interlocuteur et risquez seulement de faire évoluer la relation favorablement. Pour cela, faites le tri entre ce qui est important et ce qui l'est moins et vous pourrez ainsi lâcher un peu de lest sur un aspect qui n'est pas fondamental pour vous.

AI-JE INTÉRÊT À PARFOIS ME METTRE EN COLÈRE AU TRAVAIL ?

La relation professionnelle est une relation avant tout technique et contractuelle qui s'inscrit dans le cadre d'une mission et de tâches qui vous sont confiées. Les coups de gueule et autres sautes d'humeur ne sont a priori pas inclus dans vos objectifs. S'ils sont fréquents, ils peuvent nuire à l'ambiance de travail et vous seront nécessairement reprochés à un moment ou à un autre. Ils doivent donc rester rarissimes et être une réponse à une situation exceptionnelle.

POURQUOI CE COLLÈGUE A-T-IL UNE ATTITUDE DIFFÉRENTE QUAND NOUS SOMMES À DEUX OU EN GROUPE ?

Certains esprits manipulateurs savent changer de comportement selon les circonstances. Par ailleurs, les relations en face à face et en groupe sont par nature différentes. Chacun possède un instinct de survie et est donc conscient qu'il a parfois intérêt à se montrer sous un jour favorable, en réunion par exemple, surtout quand le chef d'équipe est présent. Ce que vous aviez convenu de dire ou de faire les yeux dans les yeux peut donc se trouver remis en question lorsque le sujet est examiné en groupe. À l'inverse, votre collègue difficile peut se sentir obligé d'approuver une décision prise en groupe et la remettre en question lorsque vous serez en tête-à-tête avec lui. Les comptes-rendus des réunions sont fort utiles à cet égard. Utilisez-les !

Et si un pervers vous dévalorise systématiquement quand vous êtes en groupe par des propos désobligeants, alors qu'il est plutôt charmant quand vous êtes seul à seul, gardez à l'esprit que ce n'est qu'un symptôme de sa névrose, de son besoin impérieux de briller et de dominer. Dans la mesure du possible, n'y prêtez pas attention, ou défendez-vous posément, en exposant les faits.

POURQUOI Y A-T-IL DES HAUTS ET DES BAS DANS MES RELATIONS AVEC LES GENS ?

Il n'y a pas que les bipolaires qui connaissent des variations d'humeur. Vous-même, n'êtes-vous pas sujet(te) à des moments d'irritation ? N'avez-vous pas constaté que la même remarque peut avoir un effet tout à fait différent selon la qualité de votre sommeil, la fluidité de la circulation, l'ensoleillement du jour ou l'état de santé de l'un de vos proches ?

Il est de ce fait important de relativiser les tensions relationnelles auxquelles vous êtes confronté(e) et surtout d'en évaluer la gravité avec recul. Cela signifie que votre regard devra porter sur une période relativement longue (un à trois mois) et non sur la journée d'hier durant laquelle votre collègue d'habitude de bonne composition vous a mené la vie dure.

COMMENT SE FAIT-IL QUE JE TOMBE TOUJOURS SUR DES COLLÈGUES DIFFICILES ?

Les relations humaines ne sont jamais simples et vous passez un nombre d'heures au bureau tout à fait considérable. Il est donc assez logique que vous ayez plus d'accrochages avec vos collègues qu'avec certains membres de votre famille.

Une autre explication tient peut-être au milieu dans lequel vous évoluez. Certaines professions requièrent une forte personnalité, par exemple celles qui exigent une créativité développée. Certains pensent que l'expression d'un ego surdimensionné est nécessaire pour s'y affirmer. Il se peut également que la concurrence soit si rude que certains se croient obligés de développer un comportement agressif pour survivre. Dans ce contexte, à vous de réfléchir sérieusement à la question de savoir si vous êtes disposé à poursuivre votre route dans cet environnement.

Enfin, si vous observez que les relations que vous entretenez sont systématiquement conflictuelles, il peut être utile de vous interroger sur votre propre comportement.

POURQUOI EST-CE QUE JE NE M'ENTENDS JAMAIS AVEC MES SUPÉRIEURS ?

Il est possible qu'une loi des séries vous ait amené à croiser une succession de managers difficiles. Il est également possible que, par définition, le fait d'avoir un chef vous soit insupportable. Vous avez eu des parents très autoritaires ? Ou au contraire, vous êtes profondément attaché à l'autonomie et supportez difficilement qu'un supérieur vienne vous dire ce qu'il faut faire et comment le faire ? Seul un travail sur vous-même pourra vous aider à élucider les causes de ces conflits. S'il s'avère que, par principe, être supervisé par quelqu'un vous est insupportable, il est peut-être temps d'examiner la possibilité de vous orienter vers une activité que vous pourriez exercer en indépendant.

PEUT-ON FAIRE CHANGER LES GENS ?

Dites-vous bien que ce ne sera pas vous qui ferez changer les enquiquineurs. Ce n'est pas parce que vous avez décidé que son comportement était inadmissible que votre interlocuteur va devenir plus conciliant. En revanche, par votre attitude ferme, calme et résolue, vous pouvez modifier les relations que vous entretenez avec lui, faire évoluer vos interactions afin de ne plus les subir.

À VOUS DE JOUER !

Maintenant que vous avez décidé de gérer les personnalités difficiles qui vous entourent de manière réfléchie et constructive, il est nécessaire de vous organiser. Avant même d'entamer la mise en œuvre de votre plan d'action, commencez par un rapide entraînement, là tout de suite.

- Identifiez deux personnes avec qui vous entretenez des relations difficiles sur votre lieu de travail.
- Notez quelques exemples d'accrochages, de frictions ou d'autres événements qui vous ont pesé pendant la semaine écoulée.
- Réfléchissez à vos propres réactions : colère, silence, énervement, tristesse...
- Sans trop entrer pour l'instant dans l'analyse de la personnalité de ces deux collègues, imaginez comment vous-même auriez pu réagir de manière plus constructive.
- Inspirez et expirez profondément plusieurs fois après avoir procédé à cet exercice.

Vous êtes déjà en route pour le changement !

Votre avis nous intéresse !
Laissez un commentaire sur le site de votre librairie en ligne
et partagez vos coups de cœur sur les réseaux sociaux !

POUR ALLER PLUS LOIN

SOURCES BIBLIOGRAPHIQUES

- FEBO (Alex), *Les 5 clés pour gérer les tensions et les conflits*, Paris, Dunod, 2015.
- FOURNIER (Jean-Yves), *Désamorcer les conflits relationnels par l'analyse transactionnelle*, Paris, Eyrolles, 2016.
- GUNCHARD (Roland), *Gestion des personnalités difficiles et dangereuses au travail*, Paris, Elsevier Masson, 2013.
- LELORD (François), ANDRÉ (Christophe), *Comment gérer les personnalités difficiles*, Paris, Odile Jacob, 2000.
- PASINI (Willy), *Les Casse-pieds*, Paris, Odile Jacob, 2002.

SOURCES COMPLÉMENTAIRES

- BANDLER (Richard), *Un cerveau pour changer. Comprendre la PNL*, Paris, Pocket, 2008.
- BOUCHOUX (Jean-Charles), *Les pervers narcissiques*, Paris, Pocket, 2014.
- LE GUERNIC (Annick), *L'analyse transactionnelle. Pour mieux se connaître et améliorer ses relations*, Bruxelles, Ixelles Éditions, 2011
- LILLEY (Roy), *Gérez les personnalités difficiles*, Paris, Express Roularta, 2010.
- NAZARE-AGA (Isabelle), *Les Manipulateurs sont parmi nous*, Paris, Éditions de l'Homme, 1997.
- THICH (Nhât Hanh), *La plénitude de l'instant. Se réconcilier avec soi-même et autrui*, Paris, Poche Marabout, 2013.

Éditeur responsable : Lemaitre Publishing
Avenue de la Couronne 382 | BE-1050 Bruxelles
info@lemaitre-editions.com

ISBN ebook : 978-2-8062-9305-3
ISBN papier : 978-2-8062-9306-0
Dépôt légal : D/2017/12603/16
Photo de couverture : © Antonioguillem – Fotolia.com

Conception numérique : Primento,
le partenaire numérique des éditeurs.